BARBARA MAYR PILATES ALLEIN ZU HAUSE

# Inhalt

**Vorwort** Dr. med. univ. Liselotte Rosen-Burda ............ 4

**Vorwort** Uschi Fellner ............ 5

① Welchen Nutzen Sie erwarten können ............ 6

② Was Sie wissen sollten:
Power House, Neutrales Becken, Atmung ............ 8

③ Wie Sie Ihre Effizienz steigern ............ 17

④ So trainieren Sie richtig ............ 19

⑤ Übungswahl für Berufsgruppen & Sportarten ............ 22

⑥ Achtung! ............ 23

⑦ Zwanzig neue Basisübungen ............ 24

⑧ Die 8-Minuten Anleitung (Variante A) ............ 40

⑨ Die 8-Minuten Anleitung (Variante B) ............ 42

⑩ Über Joseph H. Pilates ............ 44

⑪ Wie Pilates die Lebensqualität verbessern kann Dr. med. univ. W. Grünzweig ............ 46

⑫ Wer ist Barbara Mayr? ............ 47

⑬ Antworten auf häufig gestellte Fragen ............ 48

# Vorwort

BARBARA MAYR PILATES ALLEIN ZU HAUSE

Mein Name ist Dr. Liselotte Rosen. Ich bin Chirurgin mit eigener Praxis, 45 Jahre alt und Mutter von zwei Söhnen. Als ehemals recht sportliche Jugendliche habe ich etwa 15 Jahre lang sehr wenig Sport betrieben. Zwei Versuche in Fitnessstudios schlugen auf Grund mangelnden Interesses fehl. Seit nunmehr 14 Monaten trainiere ich mit Leidenschaft Pilates. Die Kombination aus Stärkung der Muskulatur - besonders der des vernachlässigten Rumpfes -, Entspannung und Dehnung sind für meinen Körper das Idealprogramm zum Wohlfühlen.

Aus ärztlicher Sicht halte ich die Entlastung und die verbesserte Haltung der Wirbelsäule sowie die Dehnung der meist verkürzten Muskeln für sehr wichtig. Die Muskulatur des Beckenbodens wird in unseren Breiten stark vernachlässigt. Dies führt häufig zu einer Senkung der Muskelplatte und der Beckenorgane. In weiterer Folge können Probleme mit dem Halten von Harn und Stuhl auftreten. Diesen Dingen sollte man vorbeugend entgegenwirken.

Meinen Mann habe ich ebenfalls zu Pilates motiviert. Bisher hatte er ausschließlich Kraft- und Cardiotraining absolviert. Muskeldehnung und Entspannung kam eigentlich immer zu kurz.

Ich trainiere wöchentlich etwa 180 Minuten. Es ist ein schönes Gefühl, das eigene Zentrum zu spüren.

*Dr. med. univ. Liselotte Rosen-Burda*

*Fachärztin für Chirurgie*
*Hämorrhoidalleiden, Krebsprävention,*
*Venenerkrankungen, Vorsorgeuntersuchung*
*Jordangasse 7, 1010 Wien*
*www.doktor-rosen.at*

BARBARA MAYR
# PILATES ALLEIN ZU HAUSE

## 8-MINUTEN-PROGRAMM
### FÜR MEHR BEWEGLICHKEIT UND LEBENSFREUDE

UEBERREUTER

# Impressum

BARBARA MAYR  PILATES  ALLEIN ZU HAUSE

ISBN 3-8000-7084-7
Alle Urheberrechte, insbesondere das Recht der Vervielfältigung,
Verbreitung und öffentlichen Wiedergabe in jeder Form,
einschließlich einer Verwertung in elektronischen Medien,
der reprografischen Vervielfältigung, einer digitalen Verbreitung
und der Aufnahme in Datenbanken, ausdrücklich vorbehalten.
Cover & Layout: Claudia Hofer
Copyright © 2005 by Verlag Carl Ueberreuter, Wien
Printed in Austria
7 6 5

Ueberreuter im Internet: www.ueberreuter.at

# Vorwort

Ich bin neugierig und darf das als Chefredakteurin eines Frauenmagazins auch sein. Es ist praktischerweise eine wichtige berufliche Voraussetzung. Pilates machte mich neugierig, als ich erstmals vor vier Jahren davon hörte. Übungen, die das Zentrum stärken. Die Bauch-, die Rücken- und Beckenbodenmuskulatur. Das klang verlockend, und da ich vor langer Zeit, aber immerhin bis zu meinem 18. Lebensjahr Ballett tanzte und mich viele Übungen in ihrer Ästhetik daran erinnerten, probierte ich dieses Training aus. Es gefiel mir und es tat – nein, es tut (!) – mir gut.

Als ich nun mit 41 Jahren zum vierten Mal Mutter wurde und nebenbei die vielen »Kinder« in meiner Frauenzeitschriften-Redaktion beruflich zu schaukeln hatte, erwies sich mein Pilates-Training als verlässlicher Begleiter. Ich trainierte noch am Tag vor der Entbindung, hatte eine leichte, wunderbare Geburt und fing bald danach wieder mit den ersten, sanften Pilates-Übungen an.

Meiner Bauch- und Rückenmuskulatur und auch meiner Psyche gefällt das bis heute außerordentlich gut. Insofern hoffe ich, Sie neugierig gemacht zu haben.

*Uschi Fellner*
WOMAN – *Herausgeberin & Chefredakteurin*

# 8-MINUTEN-PROGRAMM

BARBARA MAYR PILATES ALLEIN ZU HAUSE

## Welchen Nutzen Sie erwarten können

Sie wollen gut aussehen, Sie erwarten ein Trainingsprogramm, das ansprechend und effizient ist, und Sie haben wenig Zeit?

Wenn zwei dieser Aussagen auf Sie zutreffen, dann ist das Pilates-Training mit diesem Trainingsleitfaden das Richtige für Sie. Pilates kann viel in Ihrem Leben bewirken. Durch regelmäßiges Training verändert sich Ihre Haltung, Sie wirken größer, Sie werden aufmerksamer, können sich besser konzentrieren, kurbeln Ihren Stoffwechsel an, trainieren und entspannen Ihre Muskeln, bauen Stress ab, werden elastischer und nicht zuletzt leistungsfähiger.

Viele Menschen, die mit Pilates trainieren, bestätigen das. Ihre persönliche Ausstrahlung und Ihr Aussehen werden entscheidend durch Ihre Körperhaltung bestimmt, also durch Ihre Gewohnheit, aufrecht zu gehen und zu stehen. Dieses 8-Minuten-Pilates-Programm hilft Ihnen, Ihren Körper in seiner vollen Größe und Strahlkraft zur Geltung zu bringen. Sie lernen, Ihre Korsettmuskulatur zu nutzen und mit beiden Beinen fest am Boden zu stehen.

Sie werden Ihren Kopf erhaben über Ihren entspannten Schultern präsentieren. Ihre Freunde werden Sie fragen, ob Sie größer geworden sind. Aber auch mit Ihrer inneren Einstellung beeinflussen Sie Ihre Ausstrahlung. Schauen Sie so häufig wie möglich nach oben! Freuen Sie sich über Licht, Wolken, Vögel oder Baumkronen! Sie werden sehen: Mit erhobenem Kopf sieht die Welt viel freundlicher aus!

> **8 Minuten Pilates täglich: Und Sie werden sich Ihren Freunden neu vorstellen müssen.**

> **Der Glaube kann Berge versetzen. Diese Anleitung wird Ihnen dabei helfen.**

Pilates lehrt Sie, sich natürlich zu bewegen, zu halten und zu stabilisieren, und löst dadurch fast alle haltungsbedingten Verspannungen und Schmerzzustände. Mit einer aktiven Korsettmuskulatur entlasten Sie Ihre inneren Organe und kurbeln Ihren Stoffwechsel an. Möglicherweise bemerken Sie in der Fol-

BARBARA MAYR PILATES ALLEIN ZU HAUSE

# NUTZEN

ge sogar eine positive Veränderung Ihrer Selbstsicherheit und Ihres Selbstwertgefühls. Dass ein gut trainierter Beckenboden die erotische Ausdauer und Erlebnisfähigkeit erhöhen kann, wird – anders als bei vielen Naturvölkern – in unseren Breiten oft vergessen. Wenn Sie regelmäßig trainieren, werden Sie sich nicht nur jünger, sondern auch leichter fühlen, selbst wenn die Waage dies nicht bestätigen sollte.

*»Nicht das, was ich erreicht habe, interessiert mich, sondern das, was noch vor mir liegt.«*

Karl Lagerfeld

## ZUSAMMENFASSUNG

*Es gibt Menschen, die meinen, zu wenig Zeit zum Trainieren zu haben. Für sie wurde dieses Programm zusammengestellt. 8 Minuten täglich sind nicht viel. Nehmen Sie sich diese Zeit! Ihr Körper wird es Ihnen lohnen und Ihnen viel Freude bereiten – und Ihre Umwelt wird es bemerken!*

## Was Sie wissen sollten:

»Power House«
Neutrales Becken
Atmung

# 8-MINUTEN-PROGRAMM FÜR ANFÄNGER

## »Power House«

Joseph H. Pilates nannte die Korsettmuskulatur gerne das »Power House«. »Power House« bedeutet so viel wie Kraftwerk und bezeichnet die vier Bauchmuskelgruppen, die das Energiezentrum des Körpers umschließen (siehe **Abbildung 1**), die hochkomplexe Struktur des Beckenbodens und die Tiefenmuskulatur der Wirbelsäule. Der für Ihre Haltung und Ihre Figur wichtigste Bauchmuskel ist der große Korsettmuskel. Er umfasst, formt und sichert die Taille. Besondere Bedeutung kommt auch dem Beckenboden zu. Er hält, stützt und schützt die inneren Organe, wirkt bei der Atmungskoordination mit und spielt für die aufrechte Körperhaltung eine wichtige Rolle. Ihr Beckenboden schließt das so genannte kleine Becken ab (siehe **Abbildung 2**). Durch ein bewusstes Training des Beckenbodens können viele Haltungsprobleme im Rücken, am Knie und im Fuß positiv beeinflusst werden. Der Beckenboden besteht aus drei übereinander gelagerten Muskelschichten. Er unterstützt das Becken in seiner Stellung zur Wirbelsäule und zu den Oberschenkeln. Gemeinsam mit den Bauchmuskeln arbeitet er, um bei körperlicher Anstrengung dem Druck nach unten standzuhalten und eine gute Zentrumsstabilität aufzubauen. Aus dem von Bauchmuskeln, Tiefenmuskulatur und Beckenboden gebildeten Zentrum (»Power House«) kommt Ihre Energie. Schon der Universalgelehrte Leonardo da Vinci veranschaulichte das Energiezentrum des Menschen um 1490 in seiner Studie »Der Mensch des Vitruv« und chinesische Wissenschaftler hatten bereits vor etwa vier Jahrtausenden die Bedeutung des Körperzentrums erkannt und schriftlich dokumentiert. Von der Körpermitte ausgehende Bewegungen ermöglichen die ideale Umsetzung des individuellen Energiepotentials. Energie steht hier sowohl für körperliche als auch für geistige Kraft und Vitalität.

# 8-MINUTEN-PROGRAMM FÜR ANFÄNGER

## »POWER HOUSE«

### Abbildung 1
### ENERGIEZENTRUM »POWER HOUSE«

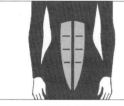

| GERADER BAUCHMUSKEL | INNERER DIAGONALER BAUCHMUSKEL | ÄUSSERER DIAGONALER BAUCHMUSKEL | KORSETTMUSKEL |

### Abbildung 2
### BECKENBODEN

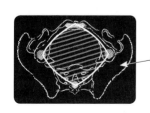

# »POWER HOUSE«  8-MINUTEN-PROGRAMM FÜR ANFÄNGER

So aktivieren Sie Ihre Energiezentrale, Ihr »Power House«:

Atmen Sie leicht aus, ziehen Sie während des Ausatmens Ihren Nabel in Richtung Wirbelsäule und spannen Sie Ihren Beckenboden an. Das fühlt sich an, als ob Sie Harn oder Stuhl leicht zurückhielten. Stellen Sie sich vor, Ihre Urinal-, Vaginal- und Analöffnung gleichzeitig zu schließen. Übertreiben Sie nicht! Atmen Sie ruhig weiter! Halten Sie Ihren Nabel dabei weiter in leicht eingezogener Position. Lassen Sie dabei die großen Gesäßmuskeln entspannt. Dasselbe tun Sie während der Übungen. Sie trainieren dadurch effizienter und sicherer (ohne Verletzungsrisiko). Wesentlich ist, dass dadurch der Körper vom Zentrum ausgehend stabilisiert wird. Diese Zentrumsstabilität macht es möglich, sich in der richtigen Haltung zu bewegen. Wenn Sie mit dem 8-Minuten-Programm trainieren, werden Sie feststellen, dass es Ihnen mit der Zeit immer leichter fällt, Ihre Energiezentrale zu aktivieren. Übung macht den Meister! Ihre Korsettmuskulatur wird dabei rasch kräftiger. Nehmen Sie dieses Kraftwerk (eingezogene Position des Nabels und aktivierter Beckenboden) mit in Ihre Berufs- und Freizeitaktivitäten! Bei gleicher Leistung werden Sie sich weniger ab- oder angespannt fühlen. Sie werden Leistungsreserven entdecken, von denen Sie nie gedacht hätten, dass Sie darüber verfügen. Und jeden Tag können Sie sich zusätzlich motivieren. Beobachten Sie Ihre Mitmenschen. Sie werden staunen, auf welch hohem Niveau da gelümmelt, gebuckelt und durchgehängt wird. Lassen Sie sich aber auch von vorbildlich aufrechten Menschen begeistern, deren natürliche Eleganz innere Kraft auszustrahlen scheint.

**APHRODITE / Pillow Squeeze**
*Wirkung & Beschreibung: www.pilates.de*

## ZUSAMMENFASSUNG

*Aktivieren Sie Ihr »Power House« so oft wie möglich. Atmen Sie leicht aus, ziehen Sie während des Ausatmens Ihren Nabel in Richtung Wirbelsäule und aktivieren Sie Ihren Beckenboden. Atmen Sie ruhig weiter. Halten Sie Ihren Nabel dabei weiterhin in leicht eingezogener Position. Übertreiben Sie nicht!*

8-MINUTEN-PROGRAMM FÜR ANFÄNGER

NEUTRALES BECKEN

# Neutrales Becken

Wie ausgeklügelt unser Bewegungsapparat ist, zeigt sich nicht zuletzt in der vierfachen natürlichen Krümmung unserer Wirbelsäule (**Abbildung 3**). Man könnte sie auch als den Stoßdämpfer unseres Körpers bezeichnen. Wir brauchen sie, um das Gewicht unseres Oberkörpers ein ganzes Leben lang tragen zu können. Eine beachtliche Leistung, wenn man die Werte in **Abbildung 4** betrachtet. Angenommen Sie wiegen 69 kg. Dann balancieren Sie einen Oberkörper von 46 kg!

Dass Sie dabei auch noch eine gute Figur abgeben und in der Lage sind, Lasten zu tragen, ist wirklich eine Meisterleistung der Schöpfung. Die Kurven der Wirbelsäule ermöglichen es Ihnen, zu springen, zu tanzen, Kinder hochzuheben und Ihre Einkäufe nach Hause zu tragen. Sie brauchen dafür keine Ersatzteile und keine Werkstätte.

> **Kopf, Arme und Oberkörper wiegen zusammen etwa 46 kg. So viel wiegt Ihre Waschmaschine, und so viel tragen Sie ständig mit Ihrer Wirbelsäule herum.**

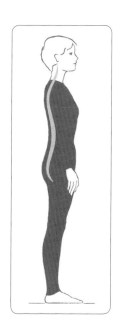

Abbildung 3
**NATÜRLICHE WIRBELSÄULE**

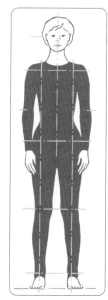

Kopf 5 kg

Rumpf je 34 kg

Arm je 3,5 kg

Bein je 10 kg

Fuß je 1 kg

Abbildung 4
**NATÜRLICHE GEWICHTSVERTEILUNG**

# NEUTRALES BECKEN

 8-MINUTEN-PROGRAMM FÜR ANFÄNGER

Das Einzige, was Sie tun sollten, ist, sich Ihre Wirbelsäule und deren Leistung bewusst zu machen. Dann werden Sie auch aktiv etwas tun wollen, um Ihre Wirbelsäule so natürlich und beweglich zu erhalten, wie die Evolution es ermöglicht hat.

Für die Haltung Ihres Oberkörpers ist aber auch die Stellung des Beckens von zentraler Bedeutung. Wenn Sie beispielsweise in einem bequemen Sessel oder Sofa hängen, kippt Ihr Becken nach hinten und Ihre Lendenwirbelsäule wird komprimiert, also flachgedrückt (**Abbildung 5**). Das Schambein bewegt sich vom Boden weg in Richtung Nase. Dadurch quetschen Sie Ihre Bandscheiben ordentlich zusammen und arbeiten außerdem nachhaltig daran, Ihre Muskeln und Bänder zu schwächen und Ihre Beweglichkeit und Elastizität einzuschränken.

Umgekehrt bewirkt ein Kippen des Beckens nach vorne ein Hohlkreuz (**Abbildung 6**). Ihr Schambein bewegt sich dabei in Richtung Boden. Beide Positionen sollten Sie vermeiden! Sie entscheiden heute durch Ihre Körperhaltung, wie Ihre Wirbelsäule morgen aussehen wird.

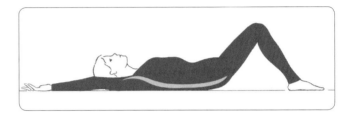

Abbildung 5
**GEFÄHRLICHE »SOFAHALTUNG«**

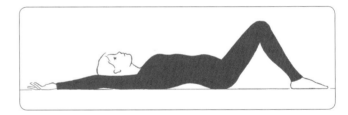

Abbildung 6
**UNGESUNDE »HOHLKREUZHALTUNG«**

# 8-MINUTEN-PROGRAMM FÜR ANFÄNGER

# NEUTRALES BECKEN

Das Becken steht in seiner natürlichen Haltung genau in der Mittelposition zwischen den dargestellten Extremhaltungen. Im Pilates-Training nennen wir diese Stellung »neutrales Becken«. Als Kind war für Sie diese Beckenhaltung selbstverständlich. Später haben Sie begonnen, durch nachlässige Sitzhaltung immer wieder gegen die natürliche Wirbelsäulenform zu arbeiten. Es ist nicht schwer, diese kindliche Fähigkeit wieder zu erlernen, Ihrer Wirbelsäule die Belastung zu nehmen und ihr Entspannung zu gönnen. Mit Pilates können Sie sofort einen Anfang machen!

Bringen Sie einfach Ihr Becken so oft wie möglich in seine natürliche Stellung! Am leichtesten finden Sie diese Position in Rückenlage. Winkeln Sie Ihre Beine an (siehe **Abbildung 7**), legen Sie Ihre Hände V-förmig auf Ihren Bauch, tasten Sie mit Ihren Fingerspitzen zu Ihrem Schambein. Auf Hüfthöhe finden Sie nun mit Ihren Handballen die Darmbeinstacheln. Diese drei Punkte sollen auf einer horizontalen Ebene liegen. Entscheidend ist, dass Sie sich diese neutrale Beckenhaltung immer wieder bildhaft vorstellen. Stellen Sie sich vor, wie Ihre Bandscheiben dadurch entlastet, regeneriert und ideal mit Nährstoffen versorgt werden. Natürlich helfen Sie auch den vielen zentralen Nerven, die entlang Ihrer Wirbelsäule vitale Informationen transportieren. Auch diese Nerven werden entlastet, wenn unnötiger Druck durch körperliche Fehlhaltung vermieden wird.

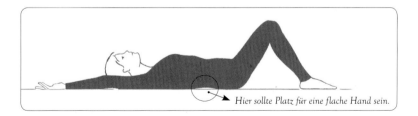

*Hier sollte Platz für eine flache Hand sein.*

Abbildung 7
**»ALPHA-ENTSPANNUNGSHALTUNG«**

# NEUTRALES BECKEN

## 8-MINUTEN-PROGRAMM FÜR ANFÄNGER

Beim Pilates-Trainingsprogramm ist es von allergrößter Bedeutung, dass Sie immer mit neutraler Beckenstellung arbeiten. Nur so trainieren Sie wirklich effizient und nur so können Sie sicher sein, Ihr naturgegebenes Bewegungspotential vollständig nützen und entfalten zu können.

**ALPHA-ENTSPANNUNG / Relaxation Position**

> ### ZUSAMMENFASSUNG
> *So können Sie sich kontrollieren: Zwischen Ihrer Lendenwirbelsäule und dem Boden ist so viel Platz, dass Sie Ihre Hand dazwischenschieben können.*

# 8-MINUTEN-PROGRAMM FÜR ANFÄNGER

# ATMUNG

## Atmung

Um optimale Trainingseffizienz zu erreichen, müssen Sie Ihre Atmung genau kontrollieren. Joseph H. Pilates empfahl immer wieder: aktivierte Korsettmuskulatur, eingezogener Nabel, Koordination von Ausatmen und Muskelanspannung. Knapp 100 Jahre später schreibt Natalia Klitschko im Trainingsleitfaden mit dem Titel »Unser Fitness Buch«, der von ihrem sympathischen Mann und Boxweltmeister gemeinsam mit seinem Bruder geschrieben wurde:

»Achten Sie auf Ihre Körperhaltung! Atmen Sie während der Muskelspannung aus, ziehen Sie dabei den Bauch ganz natürlich nach innen.« *Joseph H. Pilates*

»Stabile Haltung, eingezogener Bauch und eine betonte Ausatmung bei Anspannung sind sehr wichtig.« Damit bestätigt sich, wie aktuell die Erkenntnisse von Joseph Pilates, dem Erfinder dieser Trainingsmethode, auch heute noch sind.

Achten Sie während des Trainings also sorgsam auf Ihre Atmung! Atmen Sie ruhig und gleichmäßig, lassen Sie Ihren Atem fließen wie einen ruhigen Strom. Atmen Sie mit leicht eingesunkenem Nabel und aktiviertem Beckenboden. Lassen Sie Ihre Schultern und Ihren Nacken während des Atmens entspannt. Stellen Sie sich vor, dass sich beim Einatmen Ihr Brustkorb seitlich ausdehnt.

Bereiten Sie sich auf Ihre Übungsbewegung immer durch ruhiges Einatmen vor! Atmen Sie während der Bewegung aus und nach der Bewegung ruhig ein, um sich zu erholen. Beobachten Sie Ihren Atem und stimmen Sie Ihre Bewegungen auf ihn ab. Ihre Atembewegungen verlaufen bei natürlicher Bewegungsfähigkeit harmonisch und mühelos.

Übertreiben Sie nicht! Sie müssen nichts erzwingen. Mit der Zeit finden Sie bestimmt die Harmonie zwischen Bewegung und gezielter Atmung. Lassen Sie sich von der Stimme der

»Trainiere oder verliere.«

*Jimmy Connors, ehemaliger Top-Tennisspieler*

# ATMUNG

## 8-MINUTEN-PROGRAMM FÜR ANFÄNGER

Trainerin auf Ihrer Audio-CD führen. Bei Kräftigungsübungen erhöhen Sie durch gezieltes Ausatmen die Umsetzung Ihres körperlichen Potentials in Bewegungsenergie. Bei Dehnungsübungen fördern Sie durch bewusstes Ausatmen die gleichzeitige Dehnung der Muskulatur (**Abbildung 8**). Stellen Sie sich vor, dass sich beim Einatmen Ihr Brustkorb seitlich ausdehnt.

»Wenn du am Morgen erwachst, denke daran, was für ein köstlicher Schatz es ist, zu leben, zu atmen und sich freuen zu können.«

Mark Aurel

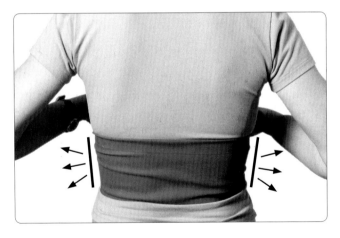

Abbildung 8
**ATMUNG**

## ZUSAMMENFASSUNG

*Das Wichtigste ist, dass Sie ruhig atmen und sich selbst vertrauen. Achten Sie auf Ihre Körperhaltung und atmen Sie während der Anspannung aus. Ziehen Sie dabei den Bauch ganz natürlich nach innen und aktivieren Sie Ihren Beckenboden. So einfach ist das! Und nicht vergessen: Ihre Schultern bleiben entspannt!*

# Wie Sie Ihre
## Trainingseffizienz steigern

③ 8-MINUTEN-PROGRAMM FÜR ANFÄNGER

### Konzentration

Es geht um Dehnung, gezielte Muskelaktivierung und Entspannung.

## Konzentration

Die Schlüssel zum Erfolg des Pilates-Trainings heißen Konzentration, aktive Korsettmuskulatur (»eingezogener« Nabel) und richtige Atmung. Der wichtigste von ihnen ist die Konzentration. Lenken Sie Ihre gesamte Aufmerksamkeit auf die richtige Ausführung der Übungen! Achten Sie besonders darauf, dass Ihre Bauchmuskulatur aktiviert ist; dass also Ihr Nabel in eingesunkener Position bleibt. Aktivieren Sie Ihren Beckenboden und denken Sie sich dabei lang. Stellen Sie sich vor, wie Ihr Körper sich zu seiner vollen Größe aufrichtet. Genießen Sie den Gedanken, dass ein Lichtstrahl Ihren Scheitel sanft nach oben zieht. Bedenken Sie, dass Sie ohne Zentrumsstabilität und Körperbewusstsein bis zu 2 cm Ihrer tatsächlichen Körpergröße verschwinden lassen. Konzentrieren Sie sich auf langsame und gleichmäßige Übungsbewegungen!

Vergessen Sie getrost alles, was Sie jemals über Schweiß und Preis oder »Hau-ruck-Druck« gehört haben. Vertrauen Sie darauf, dass mit Konzentration und Präzision auch langsame Übungen den vollen Trainingserfolg bringen. Das ist wesentlich effizienter, als mechanisch und unkontrolliert möglichst viele Wiederholungen abzuspulen. Auf Quantität ausgerichtetes Trainieren fördert meistens nur die Verstärkung bestehender Muskelungleichgewichte und Verspannungen. Schützen Sie sich und fördern Sie Ihre Beweglichkeit, indem Sie bewusst dafür sorgen, Ihre Schultern und Ihre Nackenmuskulatur entspannt und locker zu halten. Joseph H. Pilates legte größten Wert auf Konzentration während der Übungsausführung und sprach in diesem Zusammenhang von »Koordination von Kopf und Körper durch Verstand und Willenskraft«. Veranschaulichen Sie sich zuallererst, was Sie mit diesem Trainingspro-

> Konzentrieren Sie sich nur auf die Übungen, und Ihr Kopf wird frei.

# KONZENTRATION

## 8-MINUTEN-PROGRAMM FÜR ANFÄNGER

gramm erreichen möchten, und setzen Sie sich Etappenziele. Arbeiten Sie konzentriert, regelmäßig und mit Begeisterung an Ihrer Zielerreichung!

> **Wenn Sie sich mit Begeisterung auf eine Aufgabe konzentrieren, wird Sie die Aufgabe auch begeistern.**

Konzentrieren Sie sich auf Ihr Ziel und nicht auf etwaige Hindernisse! Wichtig bei der Bewegungsausführung sind Gleichmäßigkeit und Körperwahrnehmung. Lenken Sie Ihre Aufmerksamkeit auf Ihre Atmung, Ihre Bauch- und Beckenbodenmuskulatur sowie auf Ihren Schultergürtel. Entleeren Sie Ihre Lungen beim Ausatmen vollständig!

> »Der Mensch bringt sogar die Wüste zum blühen. Die einzige Wüste, die ihm noch Widerstand leistet, befindet sich im Kopf.«
>
> *Ephraim Kishon*

Sie spüren dabei Ihren Nabel einsinken. Stellen Sie sich vor, Ihr Nabel läge auf Ihrer Wirbelsäule. Atmen Sie in Ihre seitlichen und hinteren Lungenflügel. Verbinden Sie, so wie Joseph H. Pilates, Ihre Gesundheit mit Leidenschaft, Konzentration und Atmung.

Sie wollen wirklich richtig Pilates trainieren? Sie kennen die Popgruppe ABBA? Dann können Sie sich »ABBA« als Merkhilfe (Eselsbrücke) einprägen. Konzentrieren Sie sich auf ABBA, sooft Sie können! Es wird Sie beflügeln!

### Konzentration auf ABBA

| | |
|---|---|
| **A** | usatmen |
| **B** | eckenboden + |
| **B** | auchmuskulatur |
| **A** | ktivieren |

> **ZUSAMMENFASSUNG**
>
> *Bitte trainieren Sie mit größtmöglicher Aufmerksamkeit, Leidenschaft und Konzentration! Üben Sie regelmäßig und ohne Übertreibung! So werden Sie mit weniger mehr erreichen.*

# So trainieren Sie richtig

OB du denkst, du kannst es, oder ob du denkst, du kannst es nicht – du wirst auf jeden Fall Recht behalten.

*Henry Ford*

## ④ 8-MINUTEN-PROGRAMM FÜR ANFÄNGER

Erfahrungsgemäß brauchen Sie dazu etwa 3 bis 5 Wiederholungen. Lassen Sie sich Zeit dabei.

Auf den Seiten mit den Übungsbeschreibungen sehen Sie jeweils zwei Übungen abgebildet. Dazu finden Sie nützliche Hinweise über Aufgaben und Wirkungen der Übungen. Bei zwei Übungen wäre ein etwa 90 cm langes Elastikband nützlich, Sie können aber auch den Gürtel Ihres Bademantels oder ein Handtuch von entsprechender Länge verwenden. Wenn Sie mit der CD arbeiten, stellen Sie das Buch mit dem zur Übung passenden Bild am besten neben sich. Sehen Sie sich die Abbildung der jeweiligen Übung genau an und lassen Sie sich dann von Ihrer Trainerin durch die Übung führen. Beherrschen Sie die Übungen und die beiden 8-Minuten-Programme gut, können Sie sich Ihr eigenes Übungsprogramm zusammenstellen. Beispielsweise können Sie die Wiederholungsanzahl der Übungen beliebig erhöhen. Tabelle 1 auf Seite 22 zeigt, welche Übungen für Sie besonders interessant sind.

> Konzentrieren Sie sich: Ein Lächeln kostet weniger als Elektrizität und bringt viel mehr Licht.

Für ein erfolgreiches Pilates-Training ist es unerlässlich, dass Sie die in Kapitel 2 und 3 beschriebenen Prinzipien und Basisübungen »Power House, neutrales Becken, Atmung und Konzentration« so lange üben, bis Sie sie perfekt beherrschen. Beim Training mit der CD versuchen Sie, die Anleitungen möglichst präzise, gleichmäßig und in sanften Bewegungen umzusetzen. Bevor Sie mit dem 8-Minuten-Programm trainieren, sollten Sie die Übungen 1 bis 20 gelernt haben und gut beherrschen.

> »Wer aber immer das tut, was er schon kann, bleibt immer das, was er schon ist.«
> 
> *Reinhard K. Sprenger*

# RICHTIGES TRAINING

 **8-MINUTEN**-PROGRAMM FÜR ANFÄNGER

Abbildung 9
**ÜBERSTRECKTER NACKEN**

Trainieren Sie zu einer für Sie angenehmen Uhrzeit! Lüften Sie den Raum, bevor Sie beginnen, und sorgen Sie für eine möglichst störungsfreie Trainingsatmosphäre. Wählen Sie angenehme, lockere Bekleidung. Üben Sie barfuss, mit Strümpfen oder Socken. Trainieren Sie auf einer Gymnastikmatte oder auf einem dicken Teppich. Achten Sie besonders auf die richtige Position Ihres Kopfes und überstrecken Sie nicht Ihren Nacken wie in **Abbildung 9**.

> Lässige Haltung ist keine Entspannung für Ihre Bandscheiben.

# 8-MINUTEN-PROGRAMM FÜR ANFÄNGER

# RICHTIGES TRAINING

Legen Sie bei den Bodenübungen ein flaches Kissen (ca. 4 cm hoch) unter Ihren Hinterkopf. **Abbildung 10** zeigt die Kopfhaltung bei natürlicher Stellung der Halswirbelsäule.

Entspannen Sie Ihre Schultern! Stellen Sie sich vor, die Hände eines lieben Freundes lägen sanft auf Ihren Schultern. Sie fühlen sich wohl, sind ruhig und entspannt und können mit dem Training beginnen.

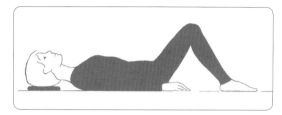

Abbildung 10
**NATÜRLICHE HALSWIRBELSÄULE**

Mit dem Pilates-Training sollten Sie erst beginnen, wenn Sie vollständig entspannt sind. Die Ausgangsposition für die meisten Bodenübungen heißt Alpha-Entspannungshaltung (Relaxation Position). Diese liegende Position gibt insbesondere der Wirbelsäule die Möglichkeit, sich zu entspannen. Ihr Becken befindet sich dabei in seiner natürlichen Lage (neutrales Becken).

> **Für eine flache Hand sollte unter Ihrer Lendenwirbelsäule immer Platz sein!**

## ZUSAMMENFASSUNG

*Wählen Sie für Ihr Training die für Sie richtige Uhrzeit. Gestalten Sie Ihr Trainingsambiente so, dass Sie gelassen und mit Freude arbeiten können. Konzentrieren Sie sich! Stellen Sie sich bildhaft vor, was in Ihrem Körper passiert. Lassen Sie Ihren Körper spüren, was Sie hören.*

# ÜBUNGSWAHL

## 8-MINUTEN-PROGRAMM FÜR ANFÄNGER

**TABELLE 1**
**Übungswahl für Berufsgruppen und Sportarten**

| | | Büroarbeiter, Manager | Ärzte, Pfleger, Trainer | Menschen, die viel stehen | Vielflieger, Flugbegleiter | Künstler, Handwerker | Viel- und Berufsfahrer | Segler | Golfer | Schwimmer | Tennisspieler | Läufer | Schifahrer | Radfahrer | Reiter | Schauspieler, Tänzer | Musiker |
|---|---|---|---|---|---|---|---|---|---|---|---|---|---|---|---|---|---|
| Alpha-Entspannung | Relaxation Position | × | × | × | × | × | × | × | × | × | × | × | × | × | × | × | × |
| Atlas | Table Top | | × | | | × | × | | × | | × | × | × | | | | |
| Gertenschlank | Side Reach | × | | | | × | × | | × | | | × | | | | × | × |
| Glücksstern | Star | × | × | | | × | × | × | | × | | × | | × | | | |
| Herkules | Hundred's | | × | × | | × | | | × | × | × | × | × | | | × | × |
| Hüft-Tonic | Knee Folds | × | × | × | | | | | × | × | | × | | | × | × | × |
| Kollier | Dumb Waitor | | × | | | × | | | × | | | | | | × | × | × |
| Kraftwerk | Pumping Arms | × | × | × | × | | × | × | | × | × | × | × | | × | × | × |
| Marathon | Hamstring Stretch | | × | | | × | | | × | | × | × | × | | | | |
| Mieder | Diamond Press | × | × | × | × | | | × | × | × | × | | × | × | × | | |
| Nackenlachen | Figure of Eight | × | | | | × | × | | | | | × | | | | | × |
| Phönix | Hip Flexor Stretch | × | × | | | × | × | | × | × | × | | | × | | × | × |
| Rückenbalsam | Lower Back Stretch | | | | × | | × | | × | | | | | × | × | × | |
| Rückenglück | Side Rolls | × | × | | × | | × | | × | | | | | | | × | |
| Schenkelfreude | Knee Drops | × | × | × | | | | × | × | | × | | | × | × | | × |
| Schutzschild | Cat | × | | × | × | | | × | × | | × | × | | | × | × | × |
| Schulterschön | Corck Screw | × | × | | × | × | | × | × | × | | | | × | × | × | × |
| Schulterschutz | Chicken Wings | × | × | | × | × | × | | × | × | × | × | | × | × | × | × |
| Wespentaille | Cossack | × | | | × | | × | | × | | | | | | × | | × |
| Willkommen | Arm Openings | × | × | × | × | | × | × | × | × | | | | × | × | × | |

# 8-MINUTEN-PROGRAMM FÜR ANFÄNGER

## ACHTUNG!

Trainieren Sie nie, wenn Sie Alkohol oder Schmerzmittel zu sich genommen haben. Ihre letzte Mahlzeit sollte mindestens 90 Minuten zurückliegen. Pilates ist eine effiziente Trainingsmethode, kein Allheilmittel! Für Fragen, die Ihren Gesundheitszustand betreffen, konsultieren Sie bitte Ihren Arzt! Dieses Buch ist eine Pilates-Trainingsanleitung und keine Therapie. Menschen mit akuten Schmerzen benötigen medizinische oder therapeutische Behandlung. Personen mit chronischen Beschwerden dürfen mit dieser Anleitung nur nach Rücksprache mit ihrem Arzt oder Therapeuten trainieren. Schwangere sollten die Zustimmung ihres Arztes einholen. Die Beschreibung der geeigneten Pilates-Übungen für diese Fälle würde den Rahmen dieser Anleitung weit übersteigen. Zusätzlich bedarf ein derartig ausgerichtetes Training der Zustimmung des Arztes und ein individuelles Eingehen auf die spezielle Situation des betroffenen Menschen. Eine Warnung für den Trainingsbeginn: Übertreiben Sie nicht! Übereifer verursacht meistens Verspannungen.

# 20 Basisübungen

 8-MINUTEN-PROGRAMM FÜR ANFÄNGER

BITTE trainieren Sie immer mit größtmöglicher Aufmerksamkeit und aktiviertem Power House. Um Sie dabei zu unterstützen können Sie den Pilates-Gürtel »Pilabelt« verwenden. Informationen dazu unter: www.pilates.de

## ALPHA-ENTSPANNUNG/ Relaxation Position

Eine wunderbare Übung zur Entspannung, Vorbereitung und Konzentration.

### [Beschreibung]

*Rückenlage. Beine sind aufgestellt. Das Becken ist in neutraler Position. Die Arme liegen locker neben dem Körper.*

Für jene, die bereits mit dem Buch und der CD »Pilates Allein zu Hause« trainiert haben, ist diese Übung nicht neu. Sie wird dennoch wiederholt, weil sie die Ausgangsposition für fast alle Bodenübungen ist. In diesen beiden 8-Minuten-Trainingsprogrammen werden Sie also 20 für Sie neue sowie die bekannte Relaxation-Position finden.

# 8-MINUTEN -PROGRAMM FÜR ANFÄNGER    20 BASISÜBUNGEN

### 1  ATMUNG / Breathing

Neben der Ausrichtung und dem aktivierten Power House ist die Atmung ein das Training wesentlich unterstützendes Element.

#### [Beschreibung]

*Fließende Atmung in den seitlichen hinteren Brustkorb. Brustkorb hebt sich nicht. Keine Bauchatmung.*

### 2  NACKENLACHEN / Figure of 8

Lachen verbessert nicht nur Ihre Stimmung, Sie sehen auch besser aus. Für Personen, die den Telefonhörer zwischen Kopf und Schulter einklemmen. Sehr empfehlenswert für Musiker, Büroarbeiter, Reiter und alle, die Entspannung für ihre Nackenmuskulatur und die Muskeln der Halswirbelsäule brauchen.

#### [Bewegung]

*Stellen Sie sich eine querliegende Acht vor, die Sie mit Ihrer Nasenspitze nachzeichnen.*

# 20 BASISÜBUNGEN

 8-MINUTEN-PROGRAMM FÜR ANFÄNGER

### 3  SCHENKELFREUDE / Knee Drops

Für Vielarbeiter, Läufer, Schifahrer und Menschen, die viel stehen müssen. Wunderbar für alle, die ihre innere Oberschenkelmuskulatur trainieren, das Hüftgelenk mobilisieren und den Beckenboden aktivieren wollen.

#### [Bewegung]

*Die angewinkelten Beine seitlich in Richtung Boden öffnen. Beine wieder zurückbringen.*

### 4  HÜFT-TONIC / Knee Folds

Damit Ihre Beine auch etwas zu lachen haben. Sie trainieren Ihre vordere Oberschenkelmuskulatur und mobilisieren Ihr Hüftgelenk. Für Menschen in medizinischen Berufen, Handwerker, Schifahrer und Schwimmer.

#### [Bewegung]

*Ein Bein vom Boden heben. Unterschenkel sinkt dabei nicht ab. Bein langsam zurückbringen und abstellen.*

# 8-MINUTEN-PROGRAMM FÜR ANFÄNGER    20 BASISÜBUNGEN

### 5  PHÖNIX / Hip Flexor Stretch

Sie werden verblüfft sein über den Widerstand Ihrer verkürzten oder verspannten Muskeln in diesen Bereichen. Unentbehrlich für Menschen, die viel im Sitzen arbeiten oder Auto fahren müssen. Kann bei Männern unglaublich vitalisierend wirken. Wunderbar für Ihre Beine und Ihre Hüfte.

#### [Bewegung]

*Ein Bein Richtung Schulter heben. Beide Hände umfassen das Knie. Das andere Bein langsam ausstrecken. Für einige Atemzüge halten. Das ausgestreckte Bein zurückziehen. Abgehobenes Bein abstellen.*

### 6  WILLKOMMEN / Arm Openings

Damit Sie Ihre Freunde besser begrüßen können, zur Mobilisierung Ihrer Schultergelenke sowie zur Stabilisierung Ihrer Schultermuskulatur. Empfehlenswert für Büroarbeiter, Schifahrer, Golfer und Radfahrer.

#### [Bewegung]

*Arme zur Decke heben, Handflächen schauen zueinander. Beide Arme gleichzeitig öffnen. In einem Kreisbogen zu den Schultern bis knapp über den Boden absenken. Arme wieder heben.*

# 20 BASISÜBUNGEN

 8-MINUTEN-PROGRAMM FÜR ANFÄNGER

**7** **SCHULTERSCHUTZ / Chicken Wings**

Nicht nur Rugby- und Hockeyspieler brauchen einen Schulterschützer. Diese wunderbare Übung ist für jene, die nicht alles auf die leichte Schulter nehmen können. Ideal für Büroarbeiter und Menschen in medizinischen Berufen. Ein Geheimtipp für Golfer zur Mobilisierung der Schultergelenke, zur Verbesserung von Zentrums- und Schulterstabilität und zum Training der Armmuskulatur.

## [Bewegung]

Mit gestreckten Armen das Band oder einen Gürtel in den Händen halten. Arme sind etwas weiter als schulterbreit geöffnet. Arme gestreckt zum Kopf auf Ohrhöhe führen. Beide Ellbogen in Richtung Taille ziehen. Arme wieder strecken.

# 8-MINUTEN-PROGRAMM FÜR ANFÄNGER

# 20 BASISÜBUNGEN

## ⏐8⏐ KRAFTWERK / Pumping Arms

Die Pumping Arms sind eine hervorragende Übung zur Stärkung der Oberarme und des oberen Rückens. Zum Energietanken für Schwimmer, Reiter, Golfer, Segler, Musiker, Radfahrer, Schifahrer, Tennisspieler und alle Sportler, für die Konzentration, fließende Bewegung und Zentrumsstabilität wesentlich sind. Eine Wohltat für alle, die lange stehen müssen.

### [Bewegung]

*Beide Arme zur Decke heben. Gestreckte Arme bis auf Hüfthöhe absenken. Mit beiden Armen etwa 10 cm oberhalb des Bodens auf und ab pumpen.*

# 20 BASISÜBUNGEN

## 8-MINUTEN-PROGRAMM FÜR ANFÄNGER

### 9 HERKULES / Hundred's

Die Willenskraft und Umsetzungsstärke des bedeutendsten Helden der Antike nützt ganz besonders Handwerkern, Künstlern und Musikern. Mit dieser Übung verbessern Sie Ihre Konzentration und Sie schaffen sich ein starkes Power House. Ausgezeichnet geeignet für Radfahrer, Schwimmer, Golfer, Segler, Reiter, Schifahrer und Tennisspieler.

### [Bewegung]

*Beide Arme zur Decke heben. Gestreckte Arme bis auf Hüfthöhe absenken und gleichzeitig Kopf und Oberkörper bis etwa zu den Schulterblattspitzen hochrollen. Mit beiden Armen knapp oberhalb des Bodens etwa 10 cm auf und ab pumpen.*

# 8-MINUTEN-PROGRAMM FÜR ANFÄNGER

# 20 BASISÜBUNGEN

## 10  RÜCKENGLÜCK / Side Rolls

Ganz besonders für Reiter und Golfer zur Dehnung der diagonalen Bauchmuskeln und der tiefen Rückenstrecker. Auch für Menschen, deren Glück nicht nur auf dem Rücken der Pferde liegt, wie zum Beispiel Menschen in medizinischen Berufen, Schauspieler, Tänzer, Golfer sowie für alle, die beruflich viel reisen, fahren oder fliegen müssen.

### [Bewegung]

*Die Knie und Füße zusammenstellen. Beide Knie kontrolliert zu einer Seite in Richtung Boden sinken lassen. Kopf rollt in die Gegenrichtung. Beide Fußränder bleiben am Boden. Beine und Kopf wieder zurück in die Mitte bewegen.*

# 20 BASISÜBUNGEN

 8-MINUTEN-PROGRAMM FÜR ANFÄNGER

**11** **MARATHON / Hamstring Stretch**

Die ideale Dehnübung für Läufer, Mountainbiker und Radfahrer. Sehr bewährt bei Menschen mit Nackenproblemen. Männer, die bei dieser Übung nicht übertreiben, also den Nabel eingezogen lassen und ihr Becken neutral halten, werden von der wiedererlangten Beweglichkeit begeistert sein. Sie dehnen und trainieren Ihre Kniebeuger und Kniestrecker und verbessern Ihre Zentrumsstabilität.

## [Bewegung]

*Ein Bein abheben. Fuß in das Band oder den Gürtel stellen und das Knie gebeugt lassen. Beide Oberarme auf den Boden legen. Das abgehobene Bein ausstrecken, über die Ferse hinausdehnen. Kniegelenk bleibt locker. Das Knie beugen und Dehnung lösen.*

## 8-MINUTEN-PROGRAMM FÜR ANFÄNGER

### [12] RÜCKENBALSAM / Lower Back Stretch

Wenn es einmal im Lendenbereich zwicken und zwacken sollte, ist diese langsame Bewegung ideal, um den Rücken wieder mit Genuss zu spüren.

#### [Bewegung]

*Zuerst das eine und danach das andere Bein zum Oberkörper heben. Die Beine berühren sich. Die Unterschenkel hängen lassen. Hände auf die Kniescheiben legen. Beide Knie sanft zum Oberkörper heranziehen. In einem Halbkreisbogen seitlich nach außen in Ausgangsposition bringen. Richtung wechseln.*

### [13] MIEDER / Diamond Press

Mit dieser Übung aktivieren Sie Ihren größten und tiefsten Bauchmuskel, trainieren zusätzlich Ihre Rückenstrecker und das Ergebnis ist ein schönes Rückendekolletee. Ein absolutes Muss für alle Kopfarbeiter und Sportler, insbesondere Nordic Walker und Bergwanderer.

#### [Bewegung]

*Bauchlage. Hände auf Kopfhöhe, V-förmig übereinander legen. Stirn auf die Hände legen. Schultern hochziehen. Danach zur Taille ziehen. Spüren, wie der Nacken lang und der Kopf leicht wird. Kopf und Oberkörper vom Boden abheben. Blick nach unten auf die Hände. Wieder »hinaus verlängernd« zurückkommen.*

# 20 BASISÜBUNGEN

 8-MINUTEN-PROGRAMM FÜR ANFÄNGER

## 14  GLÜCKSSTERN / Star

Mit dieser Übung werden Sie bald die Wirkung Ihres Glückssterns spüren. Es ist unglaublich befriedigend, eine scheinbar einfache Koordinationsleistung richtig und von Mal zu Mal besser zu vollbringen. Prädestiniert für Büroarbeiter, Schwimmer, Radfahrer und Läufer zur Verbesserung Ihrer Schulter- und Zentrumsstabilität. Zum Training Ihrer Rückenstrecker und Gesäßmuskulatur. Sie wissen ja, ein schöner Rücken ...

### [Bewegung]

Am Bauch liegend, Arme und Beine in X-Position vom Körper strecken. Kopf auf kleinem Kissen ablegen oder vom Boden abgehoben halten. Diagonal zueinander liegenden Arm und Bein hinaus und hinauf verlängern. Wieder »hinaus verlängernd« ablegen.

# 8-MINUTEN-PROGRAMM FÜR ANFÄNGER

# 20 BASISÜBUNGEN

## 15  ATLAS / Table Top

Atlas war jener Titan, der den Himmel tragen durfte. Diese Übung hätte ihm sehr geholfen. Durch diese Übung kann auch für Sie manches (er)tragbarer werden. Dringend anzuraten für Menschen in medizinischen, helfenden, betreuenden Berufen und für die Wahrnehmungsstarken, Einfühlsamen unter uns. Läufer verbessern Ihre Leistung durch dieses gezielte Training der Gesäß-, Bein-, Arm- und Schultermuskulatur und durch das Training der Balance.

### [Bewegung]

*Auf allen vieren. Kopf nicht hängen lassen. Ellbogen nicht blockieren. Neutrale Beckenposition. Diagonale Arme und Beine hinaus verlängern und leicht vom Boden abheben. Arm und Bein zurückbringen. Seitenwechsel.*

# 20 BASISÜBUNGEN

 8-MINUTEN-PROGRAMM FÜR ANFÄNGER

### 16  SCHUTZSCHILD / Cat

Entweder Sie haben eines oder Sie brauchen eines. Mit dieser Übung schaffen Sie sich ein Schutzschild. Darauf können Ihnen unerfreuliche Menschen und Ereignisse den Buckel hinunterrutschen. Ausgezeichnet anwendbar für Büroarbeiter, Tennisspieler, Menschen, die viel stehen. Für Jogger zur Dehnung und Verbesserung der Haltung und der Schulterstabilität.

### [Bewegung]

*Auf allen vieren. Kopf nicht hängen lassen. Ellbogen nicht blockieren, neutrale Beckenposition. Becken nach Norden rollen. Wirbelsäule und Kopf folgen und bilden gemeinsam einen Bogen. Aktivierung und Position halten. Mit dem Becken beginnend die Wirbelsäule und den Kopf in ihre natürliche Ausrichtung zurückbringen.*

# 8-MINUTEN-PROGRAMM FÜR ANFÄNGER ⑦   20 BASISÜBUNGEN

### 17  KOLLIER / Dumb Waitor*

Lassen Sie Ihre Kolliers ruhig im Tresor! Ihr Oberkörper entfaltet mit dieser Übung eine Strahlkraft, die es mit wertvollstem Schmuck aufnehmen kann. Eine Wohltat für Ihren oberen, mittleren Rücken sowie die Oberarm-, Schulter- und Brustmuskulatur. Für Schauspieler, Menschen in medizinischen Berufen, Tänzer und Radfahrer zur Stärkung der Schultergelenksmuskulatur.

### [Bewegung]

*Beide Arme drehen nach außen. Bewegung findet in den Schultergelenken statt. Oberarm stellt senkrechte Drehachse dar. Schulterblätter tief halten. Ellbogen bewegen sich nicht vom Oberkörper weg. Arme in Ausgangsposition zurückführen.*

### 18  WESPENTAILLE / Cossack*

Eine angenehme Übung, die Ihre diagonalen Bauchmuskeln gleichzeitig massiert und aktiviert. Wunderbar effizient für eine schmale Taille und einen entzückenden Rücken.

### [Bewegung]

*Die Ellbogen beugen. Unterarme übereinander legen und auf Brusthöhe heben. Oberkörper nach links drehen. Kopf macht die Drehung mit, bleibt aber in der Position über dem Armrechteck. Das Becken bleibt stabil. Gewicht gleichmäßig verteilt halten. Zurückdrehen.*

✱) Diese Übungen können Sie im Stehen oder Sitzen trainieren.

# 20 BASISÜBUNGEN

 8-MINUTEN-PROGRAMM FÜR ANFÄNGER

### 19  SCHULTERSCHÖN / Corck Screw*

Nehmen Sie diese Übung ruhig auf die leichte Schulter. Sie mobilisieren und stabilisieren damit Ihre Schultergelenke und trainieren Ihre Schulter-, Nacken- und Armmuskulatur. Das Ergebnis fühlt sich nicht nur wunderbar an, es sieht auch sehr gut aus. Eine Chance für alle.

### [Bewegung]

*Arme über die Seite in einem Halbkreisbogen heben. Finger hinter dem Kopf verschränken. Schultern zu den Ohren heben. Schultern fallen lassen. Beide Ellbogen leicht nach hinten ziehen und dehnen. Ellbogen wieder entspannen. Ellbogen strecken und über die Seite zurückbringen.*

✸) *Diese Übungen können Sie im Stehen oder Sitzen trainieren.*

# 8-MINUTEN-PROGRAMM FÜR ANFÄNGER 

# 20 BASISÜBUNGEN

### 20  GERTENSCHLANK / Side Reach*

Die Kennzeichen der Gerte sind Leichtigkeit und Elastizität. Diese Übung verhilft Ihnen zu beidem. Sie nützt Ihnen im Berufsalltag, beim Golfen und Laufen. Sie verbessern die Geschmeidigkeit Ihrer diagonalen Bauchmuskulatur, Ihrer Oberarme und Rückenstrecker.

### [Bewegung]

*Einen Arm seitlich im Halbkreisbogen nach oben zum Ohr führen. Arm und Oberkörper diagonal hinausdehnen. Der untere Arm gleitet am Oberschenkel abwärts. Oberen Arm und Oberkörper zurückführen in die Ausgangsposition. Seitenwechsel.*

*) *Diese Übungen können Sie im Stehen oder Sitzen trainieren.*

# VARIANTE A

 8-MINUTEN-PROGRAMM FÜR ANFÄNGER

## 8-Minuten-Programm VARIANTE A – Track 21

Alpha-Entspannung / Relaxation Position

Hüft-Tonic / Knee Folds

Phönix / Hip Flexor Stretch

# 8-MINUTEN-PROGRAMM FÜR ANFÄNGER

## VARIANTE A

Kraftwerk / Pumping Arms

Glücksstern / Star

Schulterschön / Corck Screw

# VARIANTE B

 8-MINUTEN-PROGRAMM FÜR ANFÄNGER

## 8-Minuten-Programm VARIANTE B – Track 22

Alpha-Entspannung / Relaxation Position

Rückenglück / Side Rolls

Herkules / Hundred's

# 8-MINUTEN-PROGRAMM FÜR ANFÄNGER

# VARIANTE B

Schutzschild / Cat

Kollier / Dumb Waitor

Wespentaille / Cossacka

# JOSEPH H. PILATES

# 8-MINUTEN-PROGRAMM FÜR ANFÄNGER

## Über Joseph H. Pilates

Frei nach Pilates: Wenn Sie täglich 8 Minuten trainieren, haben Sie in 10 Monaten einen neuen Körper.

Joseph Hubertus Pilates wurde 1880 in Düsseldorf geboren. Um seine ursprünglich schwächliche Konstitution zu verbessern, beschäftigte er sich bereits als Jugendlicher intensiv mit fernöstlichen und europäischen Trainingsmethoden. Bis 1900 entwickelte er auf dieser Basis seine Methode zum Training der natürlichen Gesundheit.

*Joseph H. Pilates im Alter von 57 Jahren*
(Foto aus 1937)

Foto: by permission of Bainbridge Books

Im Jahr 1912 zog er nach England, wo er später in einem Internierungslager für Kriegsgefangene bei der Rehabilitation verletzter Soldaten half. Zu diesem Zweck baute er aus ausgedienten Bettfedern seine ersten Trainingsgeräte. Nach dem Ersten Weltkrieg übersiedelte er nach Hamburg, wo er als Lehrer in einer Polizeischule arbeitete. 1926 wanderte er nach Amerika aus. In New York eröffnete er gemeinsam mit seiner Frau Clara sein erstes Studio in einer alten Fabrikshalle.

Wegen der außerordentlichen Effizienz seiner Trainingsmethode hatte er rasch enormen Zuspruch von Leistungssportlern und Schauspielern. Prominente Künstler wie Martha Graham trainierten bei ihm. Seine Erfolgsgeschichte und seine Kritik am traditionellen Schul- und Gesundheitssystem verschafften ihm naturgemäß auch viele Gegner.

Seine verbale Radikalität war wohl mit ein Grund dafür, weshalb so viel Zeit verstrich, bis sich seine Methode in Amerika durchsetzte. Ärzte, Lehrer, Therapeuten und Trainer sollten seiner Ansicht nach sowohl menschlich als auch körperlich zu Vorbildern werden. Pilates forderte von Ärzten und Lehrern die Fähigkeit,

# 8-MINUTEN-PROGRAMM FÜR ANFÄNGER

## JOSEPH H. PILATES

unnatürliche Bewegungen und Haltungsmuster zu erkennen und zu korrigieren.

In den frühen 30er-Jahren begann er die Erfolge seiner Methode systematisch zu dokumentieren, indem er seine Kunden vor der ersten und nach der 30. Trainingsstunde fotografierte. Sein viel zitierter Ausspruch: »Nach 30 Stunden haben Sie einen neuen Körper«, stammt aus dieser Zeit.

Im Alter von 54 Jahren begann Pilates seine Erkenntnisse schriftlich festzuhalten. In »Your Health« formulierte er die Eckpunkte seiner Trainingsmethode. Pilates definierte die natürliche Gesundheit als die Balance von geistiger und körperlicher Aktivität. Er verstand darunter eine natürliche Regelmäßigkeit von Bewegung, Entspannung und Konzentration.

»Millionen von Dollars werden unsinnig für Turngeräte vergeudet. Dieses Geld sollte in die Ausbildung tatsächlich vorbildhafter Lehrer investiert werden.«

*Joseph H. Pilates*

Er forderte, dass dieses Gleichgewicht mit der gleichen Intensität angestrebt werde wie materielle Ziele. Ebenso wichtig waren ihm richtiges Atmen und die Fähigkeit, den eigenen Körper wahrzunehmen. Pilates entwickelte auf dieser Basis in erster Linie Bodenübungen, die ohne Hilfsmittel an jedem Ort trainiert werden können.

Joseph H. Pilates starb 1967 im Alter von 87 Jahren.

»Nach 10 Stunden Training spüren Sie den Unterschied. Nach 20 Stunden sehen Sie den Unterschied. Nach 30 Stunden haben Sie einen neuen Körper.«

*Joseph H. Pilates*

LEBENSQUALITÄT  8-MINUTEN-PROGRAMM FÜR ANFÄNGER

# Wie Pilates die Lebensqualität verbessern kann

»In 30 Stunden haben Sie einen neuen Körper« ist einer der bekanntesten Sätze, die Jospeh H. Pilates gesagt hat. Dass dem wirklich so ist, zeigen Erfahrungsberichte von Menschen, die konsequent nach der Pilates-Methode trainiert haben:

»Ich bin Oldtimer-Restaurator, 198 cm groß und Vater von 2 Kindern. Bevor ich Pilates kennen lernte, laborierte ich sechs Jahre lang an Rückenschmerzen. Die Diagnose meines Arztes Dr. Wolfgang Grünzweig lautete: 2,5 cm Beckenschiefstand, Wirbelgleiten im Bereich L4/L5. Als mein Arzt sah, wie gut das Pilates-Training mit seiner manuellen Therapie harmonierte und welche körperlichen Fortschritte ich dadurch machte, riet er mir dieses Training auf jeden Fall beizubehalten. Seit zwölf Monaten trainiere ich bei Barbara Mayr etwa 90 Minuten pro Woche. Mein körperlicher Zustand verbesserte sich dadurch so sehr, dass mein Arzt heute bestätigen kann, dass ich gerade wie eine Eins stehe und mein Beckenschiefstand sich auf unglaubliche 0,0 bis 0,7 cm verringerte. Durch Pilates bekam ich ein völlig neues Körperbewusstsein. Und ich habe gelernt, dass es, um Rückenschmerzen vorzubeugen, zu lindern oder sogar zu beseitigen, unerlässlich ist, seinen Körper zu trainieren.«

Karl Stefka

»Die Geschichte des Herrn Stefka ist eine wirklich schöne und erzählt uns etwas von den Möglichkeiten, die in gezielter Zusammenarbeit zweier gut harmonisierender Therapieansätze liegen. Ich kann nur bestätigen, was er schreibt, und sehe immer wieder, dass zu manuellen, osteopathischen Behandlungen gerade Pilates wunderbar passt. Bei beiden Methoden geht es ja um die optimale Tonisierung tiefer Muskulatur. Während ein Patient in ärztlicher Behandlung aber doch eher den passiven Teil erfüllt, so bietet sich ihm bei Pilates ein breites Feld an aktiver Neuprogrammierung in Richtung Gesundheit.«

Dr. med. univ. Wolfgang Grünzweig, Ganzheitsmedizin<br>Karl Kurzgasse 3-5/14, 3002 Purkersdorf, www.gruenzweig.co.at

»Als Schmuckdesignerin verbringe ich unzählige Stunden an meiner Werkbank über winzige Glasperlen gebeugt – eine Haltung, die eine Misshandlung für meinen Körper ist. Viele Jahre habe ich an extremen Rückenschmerzen gelitten. Was immer ich dagegen versuchte, war ein Misserfolg, bis ich vor vier Jahren von Pilates hörte. Eine Freundin redete mir zu, es doch zu versuchen. Ich begann unter Anleitung von Barbara Mayr. Vorerst war ich skeptisch, aber nach kürzester Zeit konnte ich selbst den Erfolg spüren und sehen: bessere Körperhaltung, mehr Beweglichkeit, keine Rückenschmerzen und auch besseres Gleichgewicht. Nicht davon zu reden, dass sich dadurch auch mehr Selbstdisziplin einstellte. Durch den Erfolg angespornt, trainiere ich jetzt 2,5 Stunden pro Woche im Studio und mit einigen Übungen zu Hause. Die unaufdringliche Methode und die ständige Übung unter persönlicher Anleitung tragen wesentlich zu meiner besseren Lebensqualität bei. Sie helfen mir, meine künstlerische Arbeit und die Herausforderungen als Mutter und Großmutter zu bewältigen.«

Jaqueline Lillie<br>plillie@hotmail.com

# Wer ist Barbara Mayr?

»Vielen Menschen den Zugang zu einer nachhaltig besseren Lebensqualität zu ermöglichen ist meine Vision.«   *Barbara Mayr*

Bereits während meines Architekturstudiums hatte ich den Traum, Mensch, Körper und Bewegung natürlich und harmonisch miteinander zu verbinden. Also arbeitete ich zuerst in den Ateliers der Architekten: Dipl.-Ing. Kiener, Professor Franziska Ullman und Jean Nouvel. In dieser Zeit durfte ich mitarbeiten an der Gestaltung von Bauwerken wie: Café Gloriette Schönbrunn / Wien, Postsparkasse Flughafen / Schwechat, Frauenwerkstatt / Wien, Gasometer Spiegelwohnturm / Wien. Jahre nach meinem Abschluss an der Technischen Universität Wien und der bestandenen Ziviltechnikerprüfung lernte ich während eines Studienaufenthaltes in London meinen späteren Lehrer und Mentor Gordon Thomson kennen. Er empfahl mir mich doch auf »Körperarchitektur« zu spezialisieren. Kurze Zeit später begann ich meine Ausbildung als Pilatestrainerin bei Gordon. Unter seiner Leitung wurde ich von Body Control Pilates in London für Bodenübungen und Gerätetraining zertifiziert. Das war 1998. Damals wurde auch die Pilates-Akademie in Wien als Schule zur Körperbeherrschung gegründet. Ziel der Pilates-Akademie ist es, einen Beitrag dazu zu leisten, dass sich Pilates im deutschsprachigen Raum als Qualitätsbegriff für eine hochwirksame Trainingsform etabliert. Dadurch soll vielen Menschen der Zugang zu einer nachhaltig besseren Lebensqualität ermöglicht werden.

Mein besonderer Dank gilt Susanne Kubelka für ihr wunderbares Sprechen, Maria und Peter Rom für ihre großartige Musik, meinen geduldigen Lektoren August Mayer und Alfred Schierer, der einfühlsamen Grafikerin Claudia Hofer und meinem Mann Stefan, ohne die dieses Buch nicht entstanden wäre. Falls Sie hören und sehen wollen, wie sich diese liebenswerten Menschen präsentieren, finden Sie deren Adressen unter **www.pilates.at**. Die Musik, die Sie auf der CD hören, stammt von dem Komponisten Johann Sebastian Bach, Arcangelo Corelli und Georg Friedrich Händel. Die Interpretation vom »Duo Rom« mit Gitarre und Klavier fördert den für das Pilates-Training wichtigen Prozess der gleichzeitigen Konzentration und Entspannung. Sie kommen zu sich selbst, spüren Ihren Körper, Ihr Geist wird frei.

»Ihnen, die Sie mit dieser Anleitung trainieren, und jenen, die bei der Verwirklichung dieses Projektes mitgeholfen haben, herzlichen Dank und alles Gute!«

# ANTWORTEN

 8-MINUTEN-PROGRAMM FÜR ANFÄNGER

# Antworten
## auf häufig gestellte Fragen

**Wo ist beim so genannten »neutralen Becken« Norden?**
Wenn wir das Becken nach Norden rollen, drücken wir den unteren Rücken sanft zu Boden.

**Wann atme ich ein?**
Wir atmen vor der Bewegung und wenn wir die Position halten ein.

**Worauf soll ich beim Einatmen achten?**
Ruhig und gleichmäßig durch die Nase in Ihre seitlichen Lungenflügel einatmen. Schultern und Brustkorb entspannt lassen.

**Wann atme ich aus?**
Wir atmen während der Bewegung aus und während wir das »Power House« aktivieren.

**Worauf soll ich beim Ausatmen achten?**
Gleichmäßig und möglichst vollständig durch den leicht geöffneten Mund ausatmen.

**Gibt es eine Regel bei der Atmung?**
Einatmen vor der Bewegung und ausatmen während der Bewegung.

**Die Atmung in den seitlichen Brustkorb ist bei mir sehr flach. Was kann ich besser machen?**
Versuchen Sie die Lunge und den Brustkorb während der Atmung seitlich auszudehnen und nach hinten in den Brustkorb zu atmen.

**Darf ich zwischen den Übungen ganz normal atmen?**
Zwischen den einzelnen Übungen wird einfach im natürlichen Rhythmus weitergeatmet.

**Was heißt eigentlich »sich lang denken«? Wie fühle ich das?**
Visualisieren Sie Ihre Wirbelsäule. Lassen Sie die Abstände zwischen den einzelnen Wirbeln groß werden.

**Wie kann ich meine Schulterblätter in Richtung Taille ziehen?**
Übung: Schultern locker lassen. Stellen Sie sich vor, die warmen Hände eines lieben Menschen lägen sanft auf Ihren Schultern.

**Wie spüre ich, ob ich es richtig mache?**
Immer wenn wir eine Übung richtig machen, fühlen wir Leichtigkeit und Beweglichkeit.

**Brauchen Sie Pilates-Trainingsgeräte?**
Alles, was Sie wirklich für Ihr Pilates-Training brauchen, ist ein dicker Teppich und ein gefaltetes kleines Handtuch. Für Dehnübungen können Sie einen Bademantelgürtel oder ein Elastikband verwenden.

**Wie erkenne ich eine gute Pilates-Trainerin?**
Die Effizienz der Methode muss in der ersten Stunde spürbar sein. Mehr dazu unter www.pilates.de

**Wie finde ich gute Pilates-TrainerInnen?**
Im Internet unter **www.pilates.de**